¿Qué es la energía renovable?

Definir el problema

Lawson Lela

NIÑOS DIGITALES
Superdotados con pensamiento computacional

PowerKiDS press™

Publicado en 2018 por The Rosen Publishing Group, Inc. 29 East 21st Street, New York, NY 10010

Copyright © 2018 by The Rosen Publishing Group, Inc.

Todos los derechos reservados: Ninguna parte de este libro puede reproducirse por medio alguno sin permiso por escrito del editor, excepto con propósitos de revisión.

Autor: Lela Lawson
Traductor: Alberto Jiménez
Directora editorial, español: Nathalie Beullens-Maoui
Editora, español: María Cristina Brusca
Editora, inglés: Caitie McAneney
Diseño del libro: Jennifer Ryder-Talbot

Todas las ilustraciones por Contentra Technologies

Library of Congress Cataloging-in-Publication Data

Names: Lela, Lawson
Title: ¿Qué es la energía renovable?: Definir el problema / Lela Lawson.
Description: New York : Rosen Classroom, 2018. | Series: Niños digitales: Superdotados con pensamiento computacional / Computación científica en el mundo real | Includes glossary and index.
Identifiers: LCCN ISBN 9781538357057 (pbk.) | ISBN 9781538328668 (library bound) | ISBN 9781538357064 (6-pack) | ISBN 9781538357071 (ebook)
Subjects: LCSH: Renewable energy sources--Juvenile literature. | Clean energy industries--Juvenile literature.
Classification: LCC TJ808.2 L39 2018 | DDC 333.79'4--dc23

Créditos fotográficos: Cubierta, RFarrarons/Shutterstock.com; p. 4-5 vladimir salman/Shutterstock.com; p. 4 (hazard icon), 20 (recycle icon) EveeKamp/Shutterstock.com; p. 7 Naypong/Shutterstock.com; p. 7, 12, 16 (leaf icon), 8, 15, 18 (electric icon), 11 (sun icon) A_KUDR/Shutterstock.com; p. 8 Calavision/Shutterstock.com; p. 10-11 amophoto_au/Shutterstock.com; p. 12 SasPartout/Shutterstock.com; p. 15 CrackerClips Stock Media/Shutterstock.com; p. 16-17 N.Minton/Shutterstock.com; p. 18 tchara/Shutterstock.com; p. 21 Atsushi Hirao/Shutterstock.com.

Fabricado en Estados Unidos de América

Información de cumplimiento CPSIA Lote #WS18RC: Si desea más información póngase en contacto con Rosen Publishing, New York, New York, teléf. 1-800-237-9932

Contenido

Un gran problema	**4**
Soluciones de energía limpia	**6**
La energía del viento	**9**
La energía del Sol	**10**
Paneles solares	**13**
La energía del agua	**14**
La energía geotérmica	**16**
¿Qué es la biomasa?	**19**
¿Qué puedes hacer tú?	**20**
Resolver el problema	**22**
Glosario	**23**
Índice	**24**

Un gran problema

Piensa en lo mucho que dependemos de la electricidad. Vemos la tele, jugamos con videojuegos, usamos la computadora y encendemos la luz. Por desgracia, crear electricidad suele ser perjudicial para la Tierra. Cuanta más electricidad usamos, más afectamos al **medioambiente**.

Aquí vemos las dañinas nubes de contaminación que salen de una fábrica.

La mayor parte de la electricidad se genera quemando **combustibles fósiles**. En las fábricas se quema carbón para conseguir el vapor que gira las **turbinas** y produce electricidad. Por desgracia, la quema de combustibles fósiles no es buena para la Tierra.

Soluciones de energía limpia

Los combustibles fósiles son no renovables, lo que significa que un día se acabarán. Además, a veces se extraen de la Tierra de forma indebida y, cuando se queman, perjudican la **atmósfera** y contaminan. ¡Es un gran problema!

Por suerte, se han desarrollado fuentes de energía limpia para resolverlo. Estas fuentes son renovables, es decir, no se agotan. Además, no son un riesgo para la Tierra ni contaminan. ¡Sigue leyendo para saber cómo la energía limpia solucionaría el problema!

A los ingenieros les costó años encontrar soluciones al problema de los combustibles fósiles.

Estos aerogeneradores están en lo alto de las montañas.

La energía del viento

¿Viste alguna vez un aerogenerador? Estas enormes máquinas suelen constar de una torre y una hélice con tres largas paletas. Cuando hay viento, las paletas giran, generando energía cinética. Un **generador** interno convierte esa energía en electricidad.

En la Tierra siempre habrá viento, lo que significa que la energía eólica es renovable. Algunas compañías eléctricas construyen parques eólicos y proporcionan electricidad a mucha gente. Uno de los mayores, está situado en California, ¡cuenta con 4,800 aerogeneradores!

La energía del Sol

El Sol envía energía a la Tierra en forma de luz. Si tocamos un auto en un día soleado, vemos cómo esa luz se convierte en energía calorífica. Construimos estructuras de cristal o invernaderos porque dejan entrar mucha luz solar que caldea el interior.

Si se dispone de un generador, la luz solar también puede transformarse en electricidad. Eso mismo hacen los paneles solares. Estas máquinas largas y planas son una gran fuente de energía limpia en las zonas que reciben mucha luz solar.

El Sol da energía a las plantas para que crezcan. Todos los seres de la Tierra viven gracias a la luz solar.

Poner paneles solares en el hogar es un gran método para reducir el uso de energías no renovables.

Paneles solares

¿Cómo funcionan los paneles solares? Se ponen en sitios que reciben mucha luz solar, como los tejados. Después se conectan a un sistema que da electricidad al edificio.

Algunas personas los utilizan para alimentar su propia casa: los conectan a su sistema eléctrico principal. Otras los conectan a una **red eléctrica** mayor; los paneles alimentan su hogar y, si generan suficiente energía, alimentan también otros hogares.

La energía del agua

La electricidad puede generarse con agua mediante la energía hidráulica, que funciona de forma similar a la eólica. El agua en movimiento, igual que el aire en movimiento, se usa para girar turbinas, y estas generan electricidad.

La energía hidráulica se utiliza desde la década de 1880 y fue muy popular hasta la Segunda Guerra Mundial, cuando el carbón volvió a reemplazarla casi por completo. Como muchas energías limpias, la hidráulica es renovable, porque el agua siempre fluye. La gente construye represas para controlar la cantidad de agua que fluye.

Estas son las turbinas de la central eléctrica de la represa Hoover. Cada año, esta represa da electricidad a 8 millones de personas.

La energía geotérmica

Esta energía proviene del interior de la Tierra. La capa situada bajo la superficie terrestre está caliente y a veces calienta **embalses** de agua subterráneos. Esto se ve en las fuentes termales, que provienen de pequeñas masas de agua calentadas por la actividad **volcánica** del subsuelo.

En esta central geotérmica se aprecia cómo se eleva el vapor de agua.

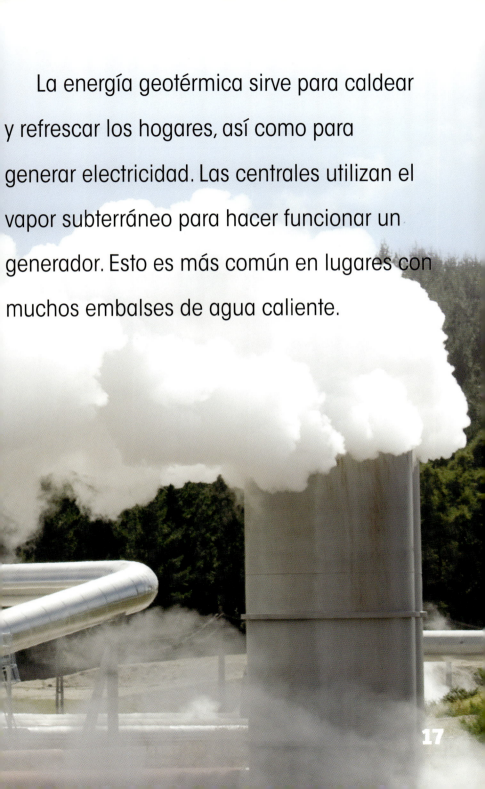

La energía geotérmica sirve para caldear y refrescar los hogares, así como para generar electricidad. Las centrales utilizan el vapor subterráneo para hacer funcionar un generador. Esto es más común en lugares con muchos embalses de agua caliente.

Las sobras de la madera pueden convertirse en "pellas de madera" y quemarse como combustible.

¿Qué es la biomasa?

La energía de biomasa es la electricidad que se genera quemando **materiales** naturales, como árboles, plantas y restos de papel y madera.

En una fogata, quemamos madera para liberar energía en forma de calor. Esta energía puede convertirse también en electricidad. Las fábricas que queman carbón pueden reemplazarlo por biomasa para conseguir el vapor que alimenta los generadores. Otras formas de biomasa incluyen el **estiércol** y la basura.

La biomasa es una gran solución, porque usa restos y desperdicios para crear electricidad.

¿Qué puedes hacer tú?

Muchos de estos cambios hacia las energías limpias deben hacerse a gran escala. Sin embargo, ¡también tú puedes ayudar!

Compra focos inteligentes, que gastan menos electricidad, apaga la luz al salir de la habitación, apaga la tele y la computadora cuando no las uses, no dejes nunca la puerta del refrigerador abierta ni el agua corriendo. Habla con tus padres sobre la posibilidad de instalar paneles solares u otros dispositivos de energía limpia.

¡No olvides apagar la luz!

21

Resolver el problema

El problema de los combustibles fósiles no se resuelve de la noche a la mañana. Dependemos mucho de las fuentes no renovables y llevamos usándolas mucho tiempo. No obstante, hay muchas fuentes de energía renovables y limpias que acabarán por solucionarlo.

Los paneles solares y los aerogeneradores son solo dos ejemplos de soluciones que los **ingenieros** han creado para combatirlo. Con el tiempo, otros ingenieros inventarán nuevas **tecnologías** para este problema.

¿Se te ocurre alguna idea brillante?

Glosario

atmósfera: Mezcla de gases que rodea un planeta.

combustible fósil: Materia formada a lo largo de millones de años por restos animales y vegetales que se queman para generar energía.

embalse: Depósito natural o artificial donde se almacena agua.

estiércol: Excremento del ganado.

generador: Máquina que usa partes móviles para generar energía eléctrica.

ingeniero: Persona que diseña y construye máquinas.

material: Algo con lo que puede hacerse otra cosa.

medioambiente: El mundo natural.

red eléctrica: Sistema conectado para llevar electricidad de los proveedores a los usuarios.

tecnología: La forma en que la gente hace algo utilizando herramientas y las herramientas que usa.

turbina: Máquina alimentada por el movimiento del agua, del vapor o del aire.

volcánico: Relacionado con los volcanes, las aberturas de la superficie de un planeta que a veces expulsan roca caliente y líquida.

Índice

A
atmósfera, 6

C
combustibles fósiles, 5, 6, 7, 18, 22
contaminación, 4, 6

E
electricidad, 4, 5, 9, 11, 13, 14, 15, 17, 19, 20
embalse, 17
energía, 6, 9, 10, 11, 12, 14, 16, 17, 19, 20, 22
estiércol, 19

G
generador, 8, 9, 11, 17, 19

I
ingeniero, 7, 22

M
material, 19
medioambiente, 4

N
no renovable, 6, 12, 22

R
red eléctrica, 13
renovable, 6, 9, 14, 22

T
tecnología, 22
turbina, 5, 14, 15

V
volcánico, 16